# EXPOSITION

## ARCHÉOLOGIQUE ET ARTISTIQUE

### DE LA VILLE DE MOULINS

EN MDCCCLXII.

---

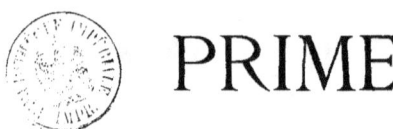 # PRIME

## OFFERTE AUX SOUSCRIPTEURS.

---

MOULINS,

IMPRIMERIE ET LITHOGRAPHIE DE C. DESROSIERS.

MDCCCLXII.

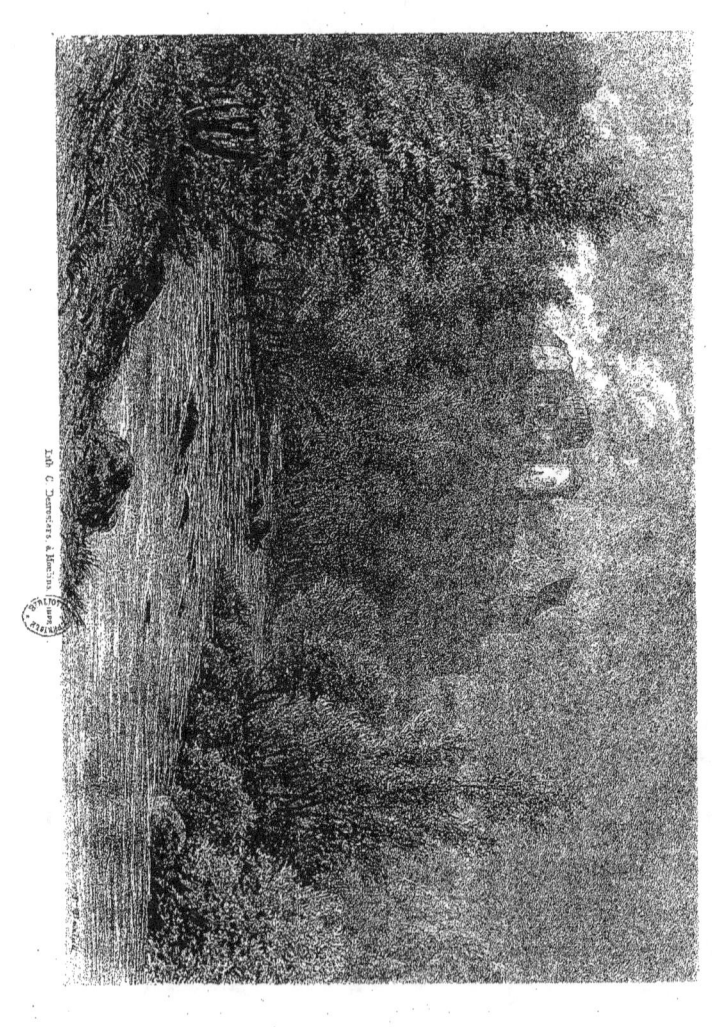

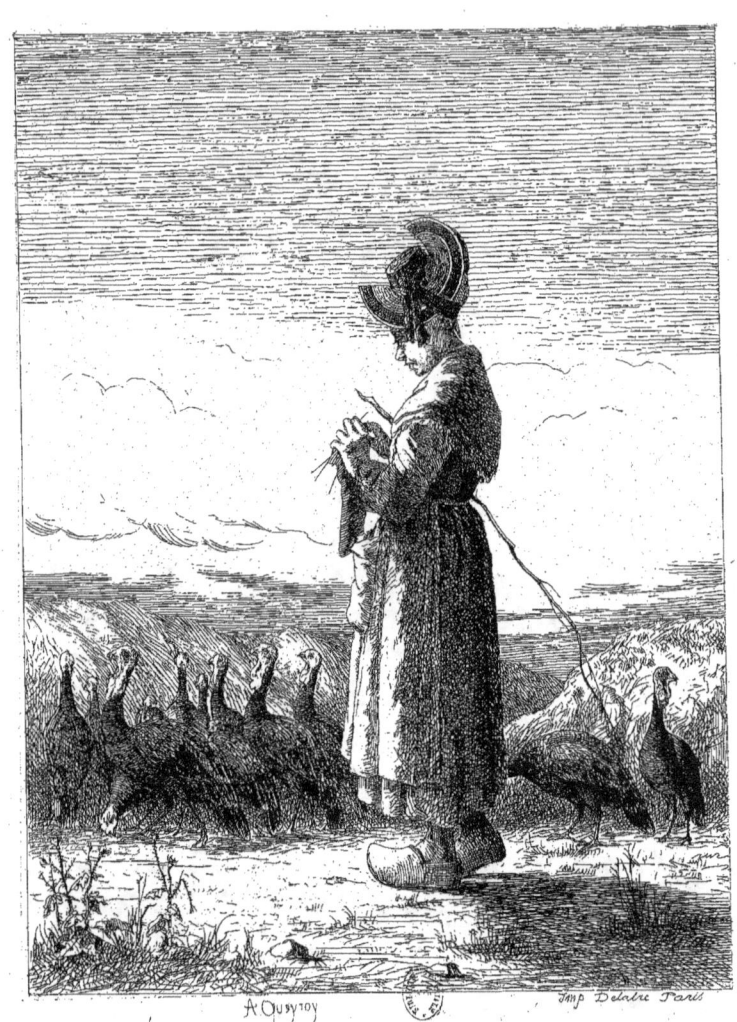

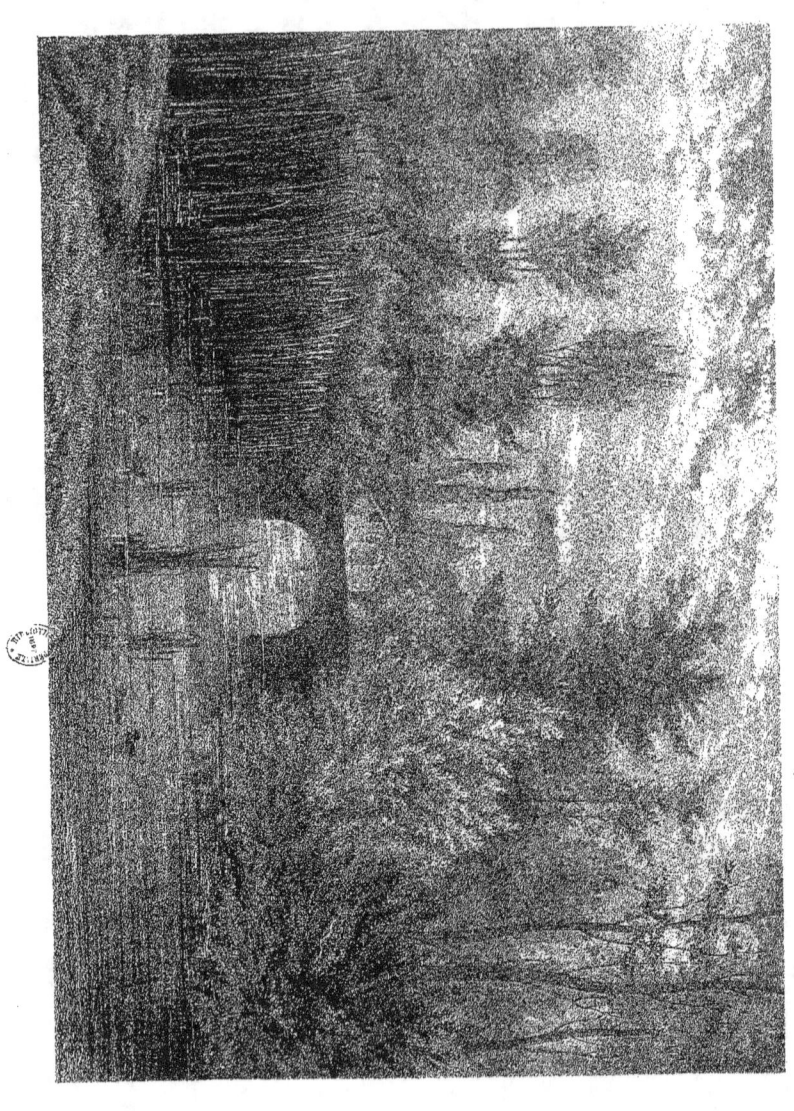

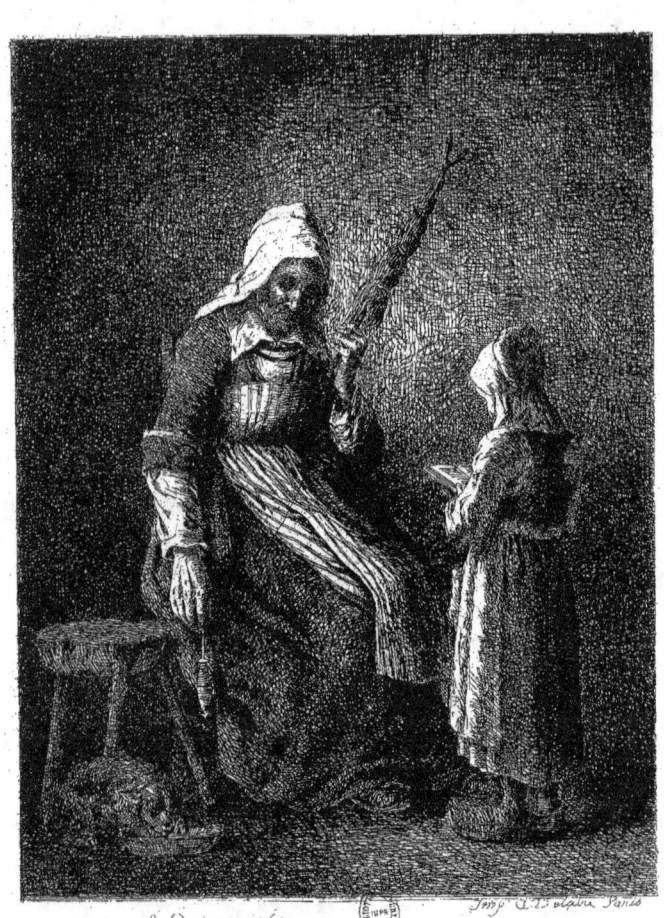

A. Queyroy 1862

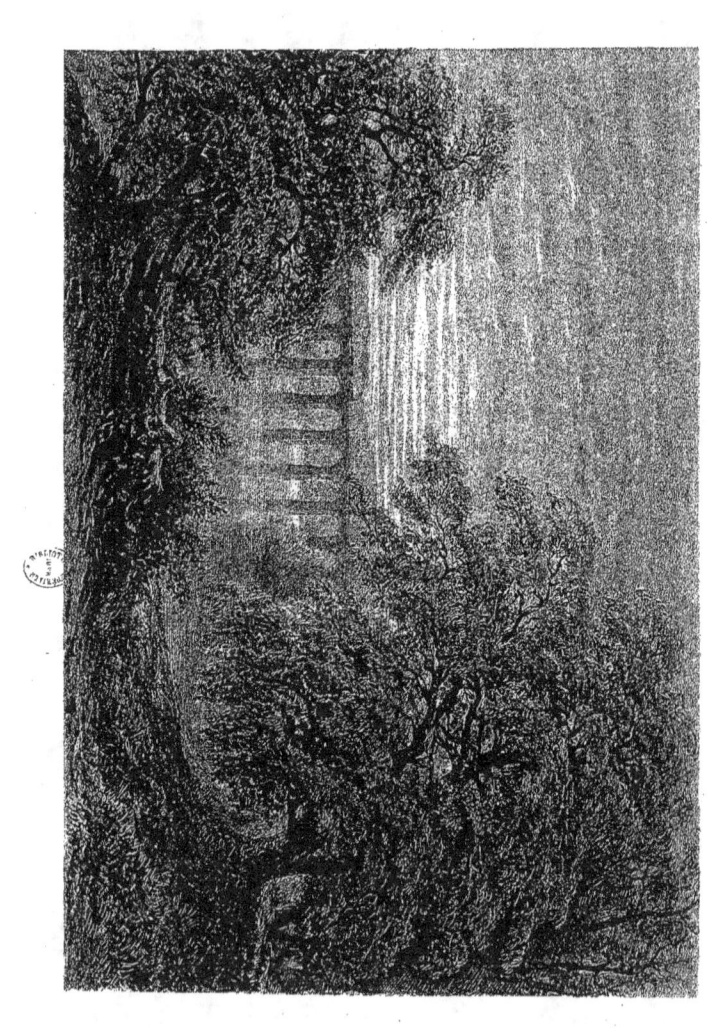

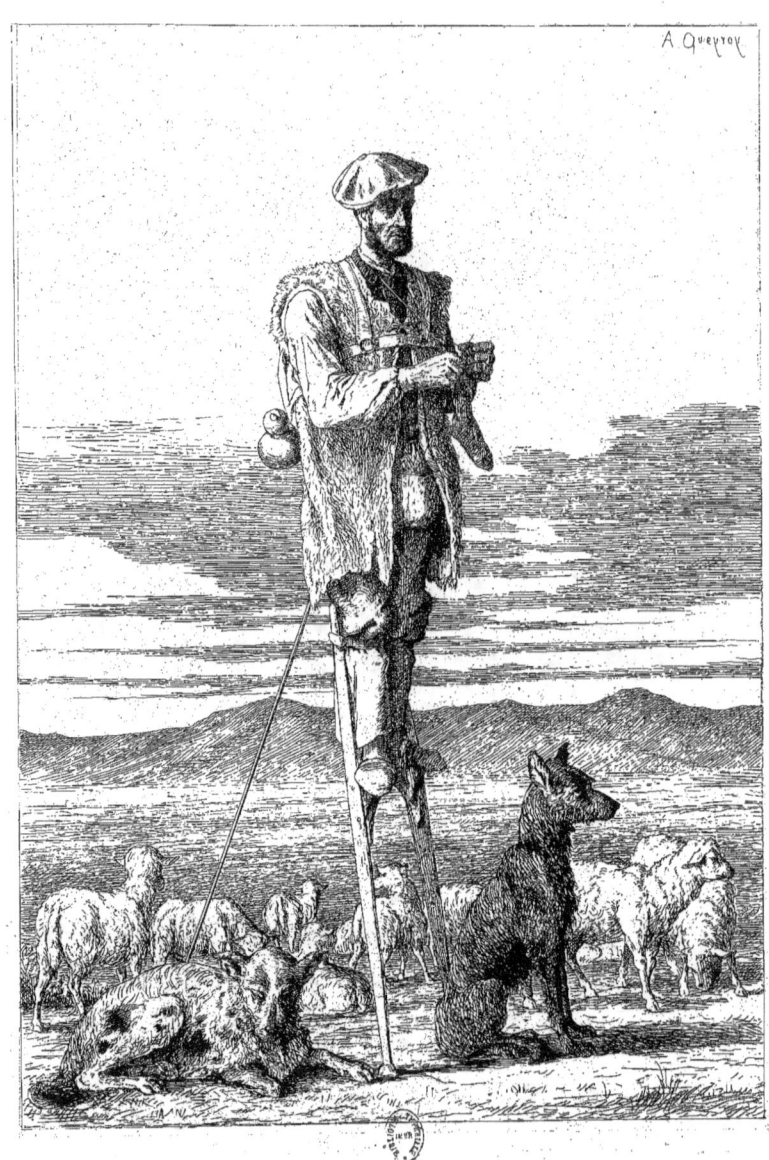

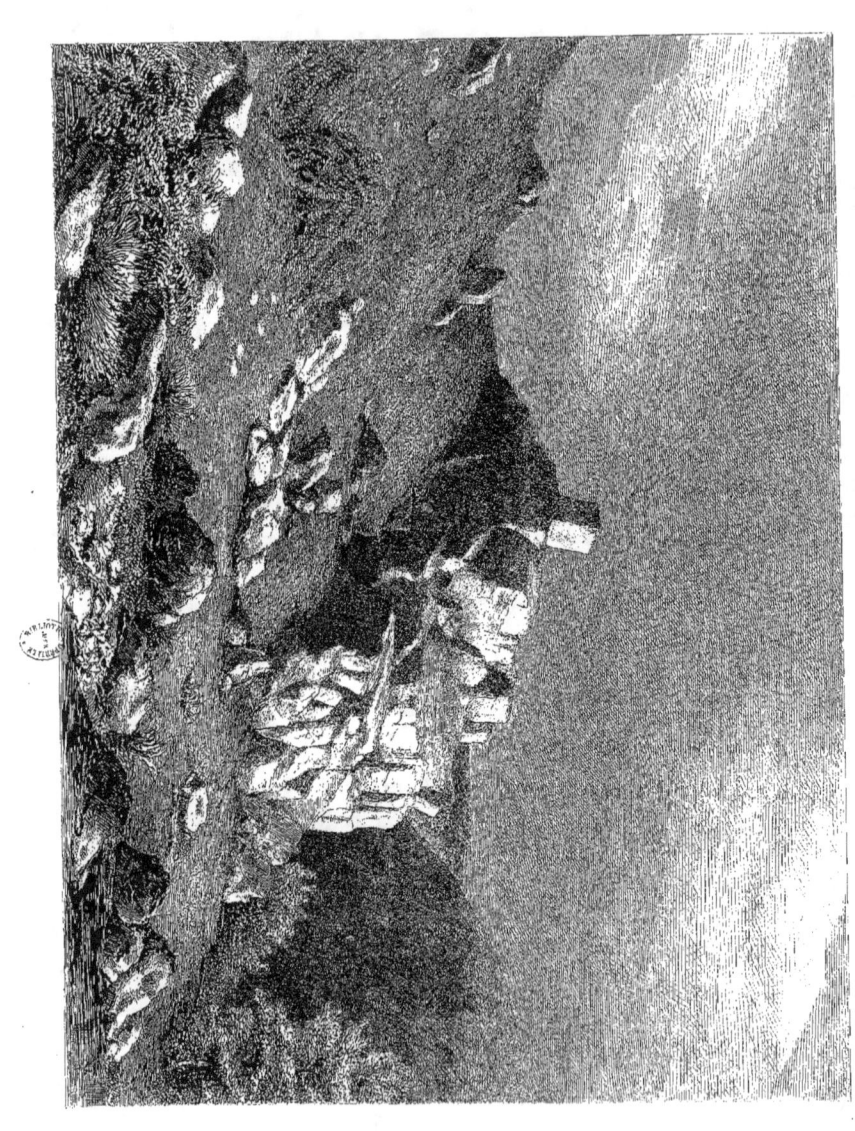

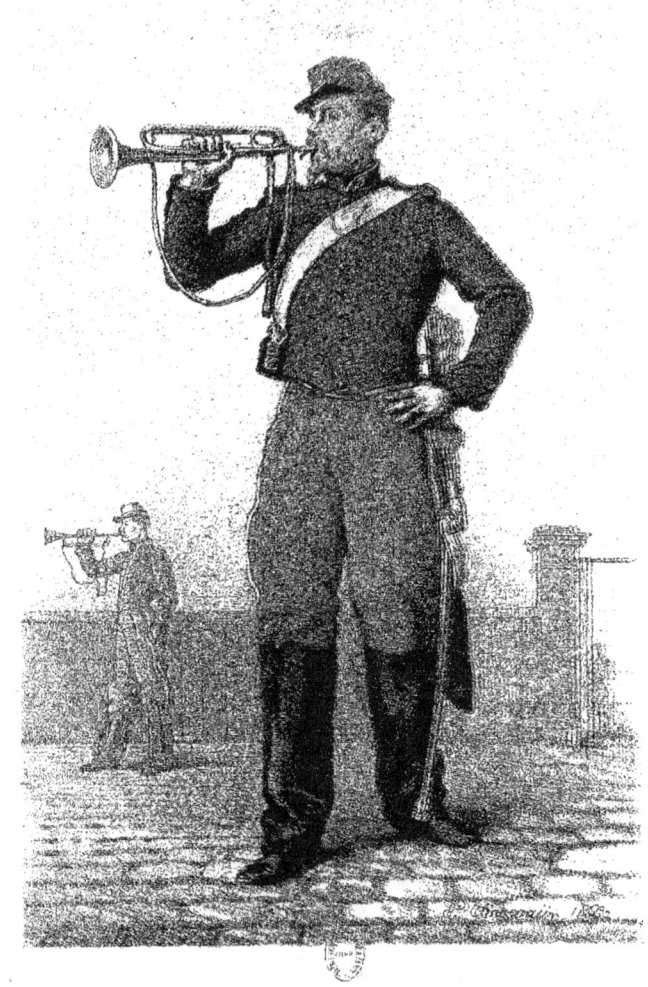

# LISTE

## DES SOUSCRIPTEURS.

|  | NOMBRE D'ACTIONS. |
|---|---|
| M. Genteur, préfet de l'Allier. | 2 |
| Mgr. de Dreux-Brézé, évêque de Moulins. | 2 |
| M. Jourdier, maire de Moulins. | 2 |
| MM. | |
| Agoult (vicomte Raimond d'), chef d'escadron au 1$^{er}$ chasseurs | 1 |
| Aladane Ferdinand, à Marigny | 1 |
| Allard Eugène, banquier à Moulins. | 1 |
| Amelot Roger, à Verneuil. | 1 |
| Arbault Ludovic, à Moulins. | 1 |
| Arbelat, ancien notaire à Cusset | 1 |
| Arcy (comte d'), receveur général à Moulins | 2 |
| Arfeuilles (comte d'), à Moulins. | 1 |
| Arnauld, directeur des contibutions directes à Moulins. | 1 |
| Arpacaus, pâtissier à Moulins. | 1 |
| Aubigny (baron Arthur d'), à St-Léopardin | 2 |
| Audiffred, dir. du *Moniteur des Arts*, à Paris. | 1 |
| Aufrère de la Prugne, maire à Nassigny. | 1 |
| Aupetit Durand, avocat à Montluçon. | 1 |
| Aymard, avoué à Moulins. | 1 |
| Bailleau, médecin à Pierrefitte | 1 |
| *A reporter* | 24 |

|  | NOMBRE D'ACTIONS. |
|---|---|
| *Report.* | 24 |
| Balorre (comte de), à Contigny. | 1 |
| Balorre (baron de). | 1 |
| Barat, professeur au lycée, à Moulins. | 1 |
| Barbier, ancien négociant id. | 1 |
| Bardet, pharmacien id. | 1 |
| Bardonnaut, insp. des télégr. à Moulins. | 1 |
| Bardoux, vice-prés. du tribunal, à Moulins. | 1 |
| Bariau, professeur de dessin, id. | 1 |
| Bartesago, opticien, à Moulins | 1 |
| Beaumont (de), maire à Tronget. | 1 |
| Bellenaves (marquis de), à Bellenaves. | 1 |
| Bergeon, médecin à Moulins. | 1 |
| Bergeon, avoué id. | 1 |
| Bertrand, membre de la Société d'Emulation, à Moulins. | 1 |
| Bideau, propriétaire à Moulins. | 1 |
| Bignon (Louis), cultivateur à Theneuille. | 4 |
| Biré (de) chef d'escadron au 6$^e$ hussards. | 1 |
| Bisseret (comte de), près Montluçon. | 1 |
| Blanchard François, à St-Gerand-le-Puy. | 1 |
| Blanchard-Saint-Aubin, sellier à Moulins. | 1 |
| *A reporter.* | 47 |

|  | NOMBRE D'ACTIONS. |
|---|---|
| *Report.* | 47 |
| Boiron, horloger à Moulins. | 1 |
| Boismorel (Ozenne de), conseiller de Préfecture à Moulins. | 1 |
| Bonabeau, avoué id. | 1 |
| Bonand (Gabriel de), à Vallières. | 1 |
| Bonand (Henri de), id. | 1 |
| Bonand (Adolphe de), id. | 1 |
| Bonnay (marquis de), à Moulins. | 1 |
| Bonnay (comte de), id. | 2 |
| Bonnejournée, pharmacien à Moulins. | 1 |
| B.... l'abbé, id. | 1 |
| Bonnichon, propriétaire id. | 1 |
| Boucaumont, ingénieur en chef à Nevers. | 4 |
| Bouchard, avocat à Moulins. | 1 |
| Bouchardon, ancien pharmacien à Moulins | 1 |
| Bouchardon, négociant, à Moulins. | 1 |
| Bougarel, ancien notaire id. | 1 |
| Bourdelier, notaire id. | 1 |
| Bourgeois (Emile), peintre id. | 1 |
| Bousingen (général baron de) | 1 |
| Boussac, orfèvre à Moulins. | 1 |
| Boyron (Albert), id. | 1 |
| Brossard, négociant id. | 1 |
| Bruel aîné, quincaillier à Moulins. | 1 |
| Bruel (Charles), marchand de fers | 1 |
| Brunel aîné, chef de division à la Préfecture, à Moulins. | 1 |
| Brunel, peintre à Moulins. | 1 |
| Brunet, négociant id. | 1 |
| Bucheron, quincaillier id. | 1 |
| Bulliot, président de la Société Eduenne à Autun. | 1 |
| Bure (Albert de), adjoint, à Moulins. | 1 |
| Callou-Vallée et Cie, concessionnaires des thermes de Vichy. | 4 |
| Castel, pâtissier à Moulins. | 1 |
| Cavy, tapissier id. | 1 |
| Chabannes la Palice (M{ls} de), à Lapalisse. | 1 |
| Chabot (Victor), à Moulins. | 1 |
| Chambon (Octavien du), à Moulins. | 1 |
| Champfeu (comte Pierre de), à Moulins. | 1 |
| *A reporter.* | 91 |

|  | NOMBRE D'ACTIONS. |
|---|---|
| *Report.* | 91 |
| Chanoinesses de St-Augustin (dames). | 1 |
| Chantemerle (de), juge de paix de Saligny. | 1 |
| Charlent, propriétaire à Château-Chinon. | 1 |
| Charnisay (baron de). | 1 |
| Charvet, inspecteur des postes, à Moulins. | 1 |
| Charvot, médecin id. | 1 |
| Chateauneuf (comte de) Tournel de Randon de Joyeuse, à Moulins. | 1 |
| Chateauneuf (vicomte de) | 1 |
| Chaumy, hôtel d'Allier, à Moulins. | 1 |
| Chavagnac (marquis Ladislas de) à Moulins. | 1 |
| Chavagnac (comte Calixte de) id. | 3 |
| Chavigny (Frédéric de) id. | 1 |
| Chevalier (Théodore), chef d'institution à Moulins. | 1 |
| Chiseuil (François de), membre du Conseil municipal, à Moulins. | 1 |
| Choussy, médecin à Moulins. | 1 |
| Clairefond (Marius), négociant à Moulins. | 1 |
| Clayeux (Edmond), maire à Thionne. | 1 |
| Clayeux (Théophile), à Moulins. | 1 |
| Clémaron, propriétaire id. | 1 |
| Cogordan, négociant id. | 1 |
| Collas de Chatelperron. | 1 |
| Collas (Eugène), à Moulins. | 2 |
| Collas (Louis), Conseiller de préfecture à Clermont. | 1 |
| Collas Léon, à Saint-Gerand-de-Vaux | 1 |
| Collas (Jules), propriétaire à Besson. | 1 |
| Comeau (de), à Iseure. | 1 |
| Conny (vicomte de), à Moulins. | 1 |
| Conny (Mgr Adrien de), chanoine. | 1 |
| Conny (J.-B.), bibliothécaire archiviste. | 1 |
| Corne, propriétaire à Moulins. | 1 |
| Cortet, notaire id. | 1 |
| Courtot, notaire id. | 1 |
| Cousin, lieutenant-colonel au 6e hussards. | 1 |
| Croizier (Henri), notaire à Moulins. | 1 |
| Dadole, architecte id. | 1 |
| Decitre, directeur des mines, à St-Hilaire. | 1 |
| Defaye, notaire à Dompierre. | 1 |
| *A reporter.* | 131 |

— 3 —

| | NOMBRE D'ACTIONS. |
|---|---|
| *Report.* | 131 |
| DELAGENESTE (Claude), à Bresnay. | 1 |
| DELAGENESTE (Hipp.), banquier à Moulins. | 1 |
| DÉMERCIÈRE, ancien conservateur des forêts, à Moulins. | 1 |
| DEMOURGUE, sculpteur à Moulins. | 1 |
| DESBOUDARDS, juge de paix d'Ebreuil. | 1 |
| DESCHAMPS DE VERNEIX, à Hérisson. | 1 |
| DES CHAUX (Edouard). | 1 |
| DESFERNEAUX, juge de paix à Moulins. | 1 |
| DESHALINS, banquier à Cusset. | 1 |
| DESHOMMES, avocat à Moulins. | 1 |
| DESMAROUX DE GAULMYN, député. | 1 |
| DES MERCIÈRES, ancien chef de bataillon. | 1 |
| DESROSIERS, propriétaire à Paris. | 1 |
| DESROSIERS, curé à Bourbon-l'Archambault. | 1 |
| DESROSIERS (Auguste), avocat à Moulins. | 2 |
| DESROSIERS (P.-A.), ancien imprimeur. | 1 |
| DESROSIERS (Charles), imprimeur à Moulins. | 1 |
| DES ROYS (comte), à Avrilly. | 1 |
| DESVERNOYS, médecin à Diou. | 1 |
| DEVAULX DE CHAMBORD (Nicolas), à Moulins. | 1 |
| DEVAUX (Henri), à St-Gerand-le-Puy. | 1 |
| DONJAN (André), à Moulins. | 1 |
| DONJAN-BERNACHEZ, membre du Conseil général, à Moulins. | 1 |
| DOUMET (Anacharsis), à Baleine. | 1 |
| DUBOSC DE CUSSY, à Moulins. | 1 |
| DUMAYET, confiseur id. | 1 |
| DUPIEUX, tailleur id. | 1 |
| DUPOYET, avocat id. | 1 |
| DURAT (vicomte de) | 1 |
| DUROCHER, notaire honoraire à Dompierre. | 1 |
| DUTREMBLAY, agent-voyer de canton. | 1 |
| ECLUSE (Alfred Roy de l'), à Neuilly-le-Réal. | 1 |
| ENTRAIGUES (d'), conservateur des forêts à Moulins. | 1 |
| ESMONNOT, architecte à Moulins. | 1 |
| ESTOILLE (comte Max de l'), président de la Société d'Emulation. | 1 |
| FARJAS, maire à Saint-Pourçain. | 1 |
| FAUDOAS (comte de), à Moulins. | 1 |
| *A reporter.* | 169 |

| | NOMBRE D'ACTIONS. |
|---|---|
| *Report.* | 169 |
| FAURE, adjoint, à Moulins | 1 |
| FERRAND DE FONTORTE, près Riom. | 1 |
| FERRAND DE FONTORTE (Charles). id. | 1 |
| FINANCE (Francisque de), maire à Trezelles. | 1 |
| FOUDRAS (marquis de), à Moulins. | 2 |
| FOULD (Edouard), maire à Lurcy-Lévy. | 8 |
| FOULHOUX, procureur impérial à Moulins. | 1 |
| FOULLUT, secrétaire en chef de la Mairie. | 1 |
| FOURNET, coiffeur à Moulins. | 1 |
| FOURNIER (Achille), président du tribunal, à Montluçon. | 1 |
| FOURNIER (Eugène). | 1 |
| FRÉTAT (baron de), près Riom. | 1 |
| GAILLARD-JAMIN, négociant à Moulins. | 1 |
| GALIEN, avocat à Cusset. | 1 |
| GARDIEN (Emmanuel), à Ygrande. | 1 |
| GAVELLE, contrôleur principal en retraite à Moulins. | 1 |
| GAVELLE, avoué à Moulins. | 1 |
| GAYON, négociant id. | 1 |
| GERVOY, ingénieur des mines, à Paris. | 1 |
| GIAT LA GARENNE, propriétaire à Moulins. | 1 |
| GIBERT (l'abbé), vicaire-général id. | 1 |
| GILLOT (François), directeur de l'Enregistrement, à Moulins. | 1 |
| GILLOT (Paul), premier commis de l'enregistrement, à Moulins. | 1 |
| GIRARD, ancien notaire. | 1 |
| GIRAUDET DE BOUDEMANGE (M$^{lle}$ Palmyre), à Moulins. | 1 |
| GIVRY (Hugon de), à Moulins. | 1 |
| GODEFROY (Benoît), café de la Jeune France. | 1 |
| GOLLIAUD (M$^{me}$ veuve Fanny), à Moulins. | 1 |
| GOMOT (Joseph), curé, paroisse St-Pierre. | 1 |
| GOYARD, ancien notaire, à Moulins. | 1 |
| GUESTON, préposé en chef de l'octroi. | 1 |
| GUEULETTE (l'abbé), curé de la Cathédrale. | 1 |
| GUILHOMET (Léonce). | 2 |
| GUILLAUME-GRANDPRÉ (Anatole) à Moulins. | 1 |
| HAUTEROCHE (Boussard d'), conservateur des hypothèques, à Moulins. | 1 |
| *A reporter* | 213 |

|  | NOMBRE D'ACTIONS. |
|---|---|
| *Report.* | 213 |
| ⁣AUTMESNIL (marquise d'), à Moulins. | 1 |
| ⁣IOGENDORPH (C$^{te}$ d'), s.-préfet à Montluçon. | 1 |
| ⁣DEVILLE (baron Lelorgne d'), au Donjon. | 1 |
| ALADON DE LA BARRE, avocat à Moulins. | 1 |
| ⁣ÉMOIS (Madame veuve) id. | 1 |
| ⁣ÉMOIS (Charles-Aimé), à Diou. | 1 |
| ⁣ÉMOIS (Ernest), à Moulins. | 1 |
| ⁣OLIOT (Charles), négociant à Moulins. | 1 |
| ⁣OLY, inspecteur des forêts id. | 1 |
| ⁣ONCHAY (Jules du), à Gannat. | 1 |
| ⁣ONCHAY (Charles du), id. | 1 |
| ⁣OUANNET (Louis), négociant à St-Pourçain | 1 |
| ⁣OURDIER (Emile), à Cronat. | 1 |
| ⁣UTIER, juge à Moulins. | 1 |
| ⁣UTIER (P.), ingénieur des mines, à Moulins. | 1 |
| ⁣UENTZ, direct. de l'usine à gaz id. | 1 |
| A BOUTRESSE (Emmanuel de), à Trezelle. | 1 |
| A BROUSSE (baron de), à Moulins. | 1 |
| A CHAISE (Paul de), id. | 1 |
| ⁣ACOUR (l'abbé), vic. à St-Pierre à Moulins. | 1 |
| ⁣ACROIX (Christophe-Charreton) à Grenoble | 1 |
| ⁣AFAULOTTE (Ernest de), à Paris. | 1 |
| ⁣AGUÉRENNE, conservateur de la bibliothèque à Moulins. | 1 |
| ⁣AGUÉRENNE (Edouard de), à Montluçon. | 1 |
| A JOLIVETTE (de), propriétaire à Moulins. | 1 |
| ⁣ARMINAT (Madame de) id. | 1 |
| A ROMAGÈRE (C$^{te}$ Hélion de), à Montluçon. | 1 |
| ⁣ASTEYRAS, percepteur à Gannat. | 1 |
| ⁣AURÈS (Charles de) médecin inspecteur des eaux de Néris. | 1 |
| ⁣AVERGNE, inspecteur des établissements de bienfaisance. | 1 |
| E FAURE, architecte à Moulins. | 1 |
| ⁣EFORT, négociant id. | 1 |
| ⁣EJEUNE, (l'abbé) vicaire-général à Moulins. | 1 |
| ⁣EJEUNE, médecin id. | 1 |
| ⁣ÉTELON, limonadier id. | 1 |
| ⁣IGONDÈS (vicomtesse du) | 1 |
| ⁣OUVENCOURT (comte Arthur de) id. | 1 |
| ⁣ANTIN, tailleur id. | 1 |
| *A reporter.* | 251 |

|  | NOMBRE D'ACTIONS. |
|---|---|
| *Report.* | 251 |
| MARANS DE CHABROL (Madame des), à Moulins | 1 |
| MARANS (Léonce des) id. | 1 |
| MARESCHAL (Léon de) id. | 1 |
| MARQUET, huissier id. | 1 |
| MARTIN, juge id. | 1 |
| MARTIN (Mlle Alexandrine) id. | 1 |
| MARTIN, confiseur id. | 1 |
| MARTINET (l'abbé), curé de St-Nicolas id. | 1 |
| MATHÉRON, greffier du tribunal id. | 1 |
| MAYER, sculpteur id. | 1 |
| MAZON, commandant en retraite id. | 1 |
| MEILHEURAT, ancien député. | 1 |
| MEILHEURAT (Auguste), à Diou. | 1 |
| MEILHEURAT, des Prureaux. | 1 |
| MEILHEURAT (Victor), à Montcombroux. | 1 |
| MÉPLAIN, juge à Moulins | 1 |
| MÉPLAIN, avocat id. | 1 |
| MÉRIÉ (Félix) fils, pharmacien à Moulins. | 1 |
| MEUNIER (Madame Edouard). id. | 1 |
| MEUNIER fils id. | 1 |
| MICAUD, commissaire-priseur id. | 1 |
| MICHEL (Armand) id. | 1 |
| MICHEL (François), banquier id. | 1 |
| MICHEL Pierre, ancien maire. id. | 1 |
| MICHEL, Henri id. | 1 |
| MICHELON, à Montaigut-le-Blin. | 1 |
| MOÏSE (Léon), négociant à Moulins. | 1 |
| MOLLET-LIÉNARD, négociant id. | 1 |
| MONICAT, ancien principal id. | 1 |
| MONTILLET, chef de bureau à la Mairie | 1 |
| MONTLAUR (marquis de), à Cognat Lyonne. | 1 |
| MONTVOISIN, notaire à Cusset. | 1 |
| MORA (madame veuve de), à Moulins. | 1 |
| MORA (Pascal de) id. | 10 |
| MORNY (comte de), président du Corps Législatif. | 4 |
| MOURLON, chanoine, à Moulins. | 1 |
| MOUSSY-ARMET, banquier à Montluçon. | 1 |
| NOBLET-D'ANGLARE (C$^{te}$ et C$^{sse}$), à Moulins. | 2 |
| OLIVIER (Adolphe), propriétaire à Moulins. | 1 |
| ORGÈRES (vicomte Mangot d'), à Moulins. | 1 |
| *A reporter.* | 304 |

|  | NOMBRE D'ACTIONS. |
|---|---|
| *Report.* | 304 |
| PACAUD, bijoutier à Moulins. | 1 |
| PALLARD aîné, négociant à Moulins. | 2 |
| PARIZE (Louis), propriétaire. | 1 |
| PARSEVAL (de), payeur du département, | 1 |
| PATISSIER, avocat à Moulins. | 1 |
| PÉRONNET LA ROMAGÈRE, membre du Conseil Général. | 1 |
| PÉROT (Francis), ébéniste à Moulins. | 1 |
| PERRET, arquebusier id. | 1 |
| PERROT, directeur de l'assurance mutuelle à Moulins. | 1 |
| PETIT, médecin à Moulins. | 1 |
| PÉTURET-VILLARD, papetier à Moulins. | 1 |
| PEUFEILHOUX (de) aîné, à Montluçon. | 1 |
| PEUFEILHOUX (Joseph de), id. | 1 |
| PIC (Sylvain), négociant à Moulins. | 1 |
| PIERRE, négociant id. | 1 |
| PLACE (M<sup>lle</sup> Emilie) id. | 1 |
| POIGNÉ, confiseur id. | 1 |
| POMMIER, banquier id. | 1 |
| PRAINGY (Fernand de), à Agonges. | 1 |
| PRAT (comtesse du), à Moulins. | 3 |
| PRAT, directeur de l'Ecole normale primaire à Moulins | 1 |
| PRAT-BANCAREL, conducteur des ponts-et-chaussées, à Moulins. | 1 |
| PRELLE ET GALLO, plâtriers à Moulins. | 1 |
| PRÉVOTON, droguiste. id. | 1 |
| PRIEUR père, médecin. id. | 1 |
| PRIEUR (Emmanuel), médecin id. | 1 |
| QUANTIN (Léon), au château de la Forêt. | 1 |
| QUEYROY (Armand), à Moulins. | 1 |
| RAMBOURG (Paul), député au Corps Législatif | 1 |
| RAMBOURG (Louis), à St-Pierre-le-Moûtier. | 2 |
| REBOUL, chef d'escadrons au 6<sup>e</sup> hussards. | 1 |
| RENAUD-FRÉMINVILLE, à Moulins. | 1 |
| REVERDY (Louis), café de Paris, à Moulins. | 1 |
| REYNARD, ingénieur en chef des ponts et chaussées, à Moulins. | 1 |
| RIANT (Léon), au château de la Salle. | 1 |
| RIANT (Ferdinand), au château de la Salle. | 1 |
| *A reporter* | 344 |

|  | NOMBRE D'ACTIONS. |
|---|---|
| *Report.* | 344 |
| ROCHE, conducteur des ponts et chaussées, à Moulins. | 1 |
| RONDEAU, avoué à Moulins. | 1 |
| ROSSIGNOL, boulanger à Moulins. | 1 |
| ROUSSEL, hôtel de Paris id. | 1 |
| ROUZIER fils, négociant id. | 1 |
| SABLIERE, directeur des contributions indirectes, à Moulins. | 1 |
| SAINT-GEORGE (comte de). | 1 |
| SAINT-GERAN (Charles de Vacher de), à Saint-Gerand de Vaux. | 1 |
| SAINT-LÉGER (M<sup>me</sup> veuve de), à Moulins. | 1 |
| SAINT-MARTIN (Frappier de), président du tribunal civil de Moulins. | 1 |
| SAMPAYO (de), capitaine commandant au 6<sup>e</sup> hussards, à Moulins. | 1 |
| SAULÉ (Léon), négociant à Moulins. | 1 |
| SAULNIER, notaire id. | 1 |
| SAULNIER, juge de paix id. | 1 |
| SAULNIER, juge au tribunal id. | 1 |
| SAULNIER Gilbert id. | 1 |
| SAYET, avoué id. | 1 |
| SCETI (Paul), négociant id. | 1 |
| SÉRÉVILLE (Philippe de) id. | 1 |
| SÉRÉVILLE (M<sup>me</sup> veuve de) id. | 1 |
| SERRE (Léopold), à Montluçon. | 1 |
| SERRE (Léon) id. | 1 |
| SEULLIET, ancien notaire à Moulins. | 1 |
| SOCIÉTÉ D'AGRICULTURE de l'Allier. | 4 |
| SOCIÉTÉ D'EMULATION de l'Allier. | 4 |
| SOCIÉTÉ D'HORTICULTURE de l'Allier. | 2 |
| SOULTRAIT (Georges de), à Lyon. | 1 |
| SUGIER, greffier du tribunal à Cusset. | 1 |
| TARADE (Abel de), à Moulins. | 1 |
| TARDIF (Gabriel), à Randan | 1 |
| TAVERNA (Abraham), pâtissier à Moulins. | 1 |
| TESSIER DE RAUSCHENBERG, avocat id. | 1 |
| TEUNTZ, négociant. id. | 1 |
| THONIER DE LA BUSSERIE (Léonce). | 1 |
| THONNIÉ (Claude), propriétaire à Moulins. | 1 |
| THURET (Henri), à Lurcy-Lévy. | 4 |
| *A reporter* | 390 |

|  | NOMBRE D'ACTIONS. |
|---|---|
| *Report.* | 390 |
| Tortel (Claude), à Moulins. | 1 |
| Tortel (née Thonier M^me), à Moulins. | 1 |
| Tortel (Jean-Baptiste) id. | 1 |
| Tranchau, inspect. d'académie, à Moulins. | 1 |
| Trépied, négociant, à Moulins. | 1 |
| Tretaigne (baron de) l'un des maires de Paris, 18ᵉ arrondissement. | 2 |
| Turlin, (M^lle Julie) marchand de faïence à Moulins. | 1 |
| Tulle (Savinien de), notaire à Moulins. | 1 |
| Vacher, négociant id. | 1 |
| Valabrègues (comte de), colonel du 6ᵉ hussards, à Moulins. | 1 |
| Valentin, professeur au lycée, à Moulins. | 1 |
| Veauce (baron de) membre du Corps Législatif. | 2 |
| *A reporter.* | 404 |

|  | NOMBRE D'ACTIONS. |
|---|---|
| *Report.* | 404 |
| Veaujoly (Victor-Pierre de), à Moulins. | 1 |
| Vidal de Verneix. | 2 |
| Vidalin (Cyr), propriétaire à Moulins. | 1 |
| Virlogeux, libraire id. | 1 |
| Virollet, fondé de pouvoirs du receveur général, à Moulins. | 1 |
| Virollet, conducteur des ponts et chaussées, à Moulins. | 1 |
| Virotte Ducharne, négociant à Moulins. | 1 |
| Volat (M^lles) sœurs, à Moulins. | 1 |
| Vuillot, percepteur id. | 1 |
| Watelet (Gilbert), notaire honoraire à Moulins. | 1 |
| Watelet (M^me), à Moulins. | 1 |
| Watelet jeune, banquier, à Moulins. | 1 |
| Watelet Félix fils, banquier id. | 1 |
| Total. | 418 |

# RÉSULTAT
# DU TIRAGE DE LA LOTERIE.

| NUMÉROS D'ORDRE. | NUMÉROS du catalogue | NOM DE L'AUTEUR. | SUJET DU TABLEAU. | NUMÉROS gagnants. | NOM DU GAGNANT. |
|---|---|---|---|---|---|
| 1... | 24.. | Bénard | Vue du Port de Boulogne | 41.. | Bonnichon, à Moulins. |
| 2... | 285.. | Pron | Vue du Mont-Blanc | 59.. | Callou Vallée et Cie, à Vichy. |
| 3... | 67.. | Chauveau | Combat de Palestro | 387.. | Louis Parisse, à Moulins. |
| 4... | 53.. | Cabane | Sortie d'Eglise | 89.. | Cousin, lieutenant-colonel au 6e hussards. |
| 5... | 119.. | Desjobert | Paysage | 20.. | Comte de Balore, à Contigny. |
| 6... | 413.. | Pautrot | Renard (bronze) | 222.. | Pacaud, orfèvre. |
| 7... | 281.. | De la Porte | Tête de Chien gris | 233.. | Fernand de Praingy. |
| 8... | 279.. | ....Id | Fleurs | 325.. | Comte de Chavagnac. |
| 9... | 192.. | Lejeune | Leçon de Musique | 178.. | Mlle Martin Alexandrine. |
| 10... | 5.. | Antigna | Jeune Fille de Quimperlé | 311.. | Castel, pâtissier. |
| 11... | | Mène | Chèvre (bronze) | 210.. | Pascal de Mora. |
| 12... | 101.. | Cossmann | Sentinelle au XVIe siècle | 200.. | Mme veuve de Mora. |
| 13... | 143.. | Gabé | Enfants | 217.. | L'abbé Mourlon, chanoine. |
| 14... | 194.. | L'Enfant de Metz | Le Signe de Croix | 284.. | Vacher, marchand de fer. |
| 15... | 414.. | Pautrot | Renard et Poule (bronze) | 397.. | Louis Rambourg, à Saint-Pierre. |
| 16... | 205.. | Luminais | Le Palefrenier | 121.. | Esmonnot, architecte. |
| 17... | 177.. | Claudius Jacquand | Partie de Dés | 98.. | Desferneaux, juge de paix. |
| 18... | 8.. | Appian | Le Soir | 253.. | Mme de Saint-Léger. |
| 19... | 9.. | ..Id | Lisière de Forêt (fusain) | 297.. | Mme Watelet. |
| 20... | | Mène | Cerf | 403.. | Deschamps de Verneix. |
| 21... | 11.. | Appian | L'Etang-Neuf | 255.. | Léon Saulé, négociant. |
| 22... | 12.. | ..Id | Bords du Garon | 69.. | Chaumy, hôtel d'Allier. |
| 23... | 13.. | ..Id | Environs de Vienne | 363.. | Boucaumont, ingénieur en chef. |
| 24... | 242.. | Noterman | Alléchés par l'Odeur | 185.. | Meilheurat, propriétaire à Diou. |
| 25... | 415.. | Pautrot | Oiseau prisonnier | 194.. | Michel François. |
| 26... | 381.. | De la Porte | Tête de Chien noir | 265.. | Société d'Agriculture. |
| 27... | 86.. | Chouppe | Paysage (aquarelle) | 320.. | Bartésago. |
| 28... | 87.. | ...Id | ......Id | 134.. | Gavelle, contrôleur principal en retraite. |
| 29... | 40.. | Bourgeois | Fleurs | 245.. | Reverdy, café de Paris. |
| 30... | | Mène | Chienne | 46.. | Bourdelier, notaire. |
| 31... | 41.. | Bourgeois | Fleurs | 355.. | Edouard Fould, maire à Lurcy. |
| 32... | 150.. | Grobon | Panier de Raisins | 82.. | Colas Léon, à Saint-Gerand. |
| 33... | 174.. | Huguet | Vue prise en Syrie | 177.. | Martin, juge. |
| 34... | 120.. | Dewisme | Groupe d'Oiseaux | 402.. | Léonce Guillomet. |
| 35... | | Mène | Chien | 77.. | Cogordan, négociant. |
| 36... | 381.. | De la Porte | Tête de Chien blanc | 102.. | Desrosiers Augustin. |
| 37... | 188.. | Legrand | Jésus au Jardin des Oliviers | 243.. | Renaud Fréminville. |
| 38... | 145.. | Gengembre | La Route du Marché aux Chevaux | 301.. | Blanchard Franç., adjoint à Saint-Gerand. |
| 39... | 117.. | Desjardins | Vue prise aux environs de Guéret | 21.. | Léon de Balore. |
| 40... | | Mène | Groupe de petits Chiens | 120.. | D'Entraigues, conservateur des forêts. |
| 41... | 159.. | Hageman | Bords de la Seine | 7.. | Aladane Ferdinand. |
| 42... | 310.. | Schitz | Chaumière aux Bouliers | 161.. | De la Boutresse Emmanuel. |

# TABLE DES PLANCHES.

Château de Chantelle, lithographie. . . . . . . . . . . . . . . . . . par M. Bariau.
Gardeuse de dindons, Bourbonnaise, eau-forte . . . . . . . . . . . . A. Queyroy
Paysage, lithographie . . . . . . . . . . . . . . . . . . . F. Brunel.
Leçon de cathéchisme, eau-forte. . . . . . . . . . . . . . . . . A. Queyroy.
Viaduc de Messarges, lithographie. . . . . . . . . . . . . . . . Bariau.
Pâtre Landais, eau-forte . . . . . . . . . . . . . . . . . . . . A. Queyroy.
La pierre de Joux, lithographie à la plume. . . . . . . . . . . Champagnat.
La Botte, lithographie . . . . . . . . . . . . . . . . . . . . . . Chazerain.

www.ingramcontent.com/pod-product-compliance
Lightning Source LLC
Chambersburg PA
CBHW030107230526
45471CB00003B/1303